뱀의 가족사

종정순 시집

시인동네 시인선 063

종정순 시집

뱀의 가족사

시인동네

시인의 말

아픔 없는 것은 삶이 아니라면
최선을 다해서 아프겠다.
통증에서 꽃이 나오고
눈물에서 무지개가 뜨도록.

2016년 여름
종정순

차례

시인의 말

제1부

인삼과 나의 불편한 관계 · 13
강화요(江華窯) · 14
꽃을 반성하지 않는다 · 16
뱀의 가족사 · 18
불경기 · 20
두멧골 · 22
순두부 · 23
현대방앗간 · 24
백수련 저수지 · 26
밥꽃 · 28
빨래 · 29
삼향(蔘香)이 배다 · 30
오리무늬 화문석 · 32
붉은 눈 · 34

제2부

저울 · 37
발과 눈을 맞추다 · 38
모과나무 · 40
부엌에서 내다보는 히말라야 · 42
태평농법은 바쁘다 · 44
전봇대 · 46
돌나물 · 48
나의 애마 포니 · 50
해빙기 · 52
메주 · 54
심 봤다 · 56
어머니 통장 · 58
그리마 · 60
달팽이 · 62

제3부

폭설 · 65

귀뚜라미 보일러 · 66

야광 · 68

흰 뿔 · 70

자동유리문 · 72

호밀 · 74

쇠비름 경전 · 75

흑거미 · 76

오빠 · 78

기러기 · 80

행복요양병원 · 81

땟물 · 82

아버지의 집 · 84

가을밤 · 86

제4부

가시를 쬐다 · 89

오디 따기 · 90

왕소금 수세미 · 92

시냇물 · 94

약쑥 · 95

묵흔(墨痕)이 될 수 있다면 · 96

입김 · 98

강화 냉이 · 99

삼(蔘)을 쬐다 · 100

꽃똥 · 102

이강리(梨江里) · 103

봄이 느리게 오는 이유 · 104

애인이 진통제다 · 106

소꿉놀이 · 108

후끈거리다 · 110

해설 시간으로 엮은 특화된 존재태 · 111
진순애(문학평론가)

제1부

인삼과 나의 불편한 관계

인삼을 판매하거나 손님이 주문한 택배 인삼을 저울에 올려 무게를 잴 때면 슬며시 사람 인(人)자 삼들의 눈치를 본다 강화 인삼시장 한 귀퉁이 주인을 빙 둘러싼 인삼주 병들, 저울 눈금이 정확한지 짓무른 삼은 섞이지 않았는지 감시하고 있는 것 같다 술병 속에 좌선하듯 틀어박혀 주인의 일거수일투족을 감독하는 인삼들, 오늘도 돈 벌기는 다 글렀고 내친김에 장사하는 척 道나 닦아볼까 어느 첩첩 산골 수십 년 근 산삼처럼 독하게 콱 틀어박혀 눈치 보는 마음 인삼주처럼 맑아질 때까지 가게 발효나 시켜볼까

마음을 닦듯 술병에 앉은 먼지를 닦으며
人자 삼과 부릅, 맞장을 뜬다.

강화요(江華窯)

길이 감긴다, 친친

해안가 뚝방길 따라 오르는 길

도공의 손에 들러붙은 흙처럼 신발에 젖은 황톳길이 들러붙는다

월곶리(月串里) 달 물레,

개펄을 끊임없이 주물럭주물럭 석기시대 토기 같은

섬 하나를 빚어놓은 바다

항아리 안에 숨어서 술래가 찾아오길 기다리며

스르르 잠에 빠져들던 아이는 어디로 갔을까

염하강 너머 소식이 궁금해서 키를 우뚝 세우고 있는 오동

나무

외이가 넓은 잎사귀마다 해풍 펄럭이는데

나이테가 감기듯 조여드는 길

섬 하나가 허물어지지 않도록

반죽을 이긴다

꽃을 반성하지 않는다

새봄,
눈앞이 노랗다
(노랗다니!)
황토처럼 그러려니 하는 색으로 핀
낡고 낡은 꽃
보나마나 피는 꽃
안 봐도 다 아는
진부한 꽃,
시집올 때 광목에 물들인
노랑저고리를 입고 왔었다고
할머니가 입만 벙긋하면 되뇌시듯
교실 꽃병에도 개나리 마당에도 개나리 논둑 밭둑에 개나리 개나리
가는 가지 붓으로 제 흥에 겨워 곳곳에 노란 칠을 한다
병아리들도 털갈이를 하는데
해마다 알록달록 의상 패턴이 바뀌는
유행에 대한 동경도 없이
왜 늘 봄 속에 처박혀 있어야만 하지?

부정도 반성도 없이
사소한 얘기만 아무 데나 지천으로 피어난다
어머니가 끓여주시는 노릇노릇한 누룽지 맛같이 뻔하지만
한 번도 질린 적 없는 꽃
늙고 늙도록
이 강산이 환하도록
반성하지 않는다

뱀의 가족사

에덴에 살던 낡은 얘기가 우리 집에 살고 있다

봉천산 싱아 숲에 사는 귀가 달렸다는 뱀,
옷고름 하나 떼어주고 줄행랑치는 할머니의 뒤를 그 옷고름 물고 따라왔다는
할머니의 할머니 시절
그 뱀을 본 적 없으니 믿을 수는 없다만

옛이야기 속엔 제 꼬리를 물고 도는 뱀이 있어
나는 뱀이 부르는 노래를 따라가곤 하네

뱀날은 간장을 담그지 않는다는
입과 입으로 유전하는 모계의 금기가 있는데
장독대 돌 틈에서 말을 걸어오던 혓바닥

야밤, 그것이 내 치마 속으로 들어온 거야
억새풀 그림자 스치듯 서늘한 비늘들이 내 잠을 스쳐 놀라 깬 후

배가 불러 와 너를 낳은 거지

너는 뱀의 아들, 비 맞고 이슬 젖고 바람과 같이 살아 있던 자

누군가가 짓밟으며 자꾸 약을 올릴 때 그 손등에 새겼던 이빨의 무늬를 기억해?

피를 흘리며 목을 세워 돌아보는 이빨,
로드킬 당한 꼬리가 길바닥을 기어간다

에덴에서 여기까지 같이 온 길 위에 길이다

불경기

거미가 형광등 밑에 집 한 채 건축했다

인삼은 판매하지 않고
우두커니 계산대나 지키는 전자저울
긴 목이 썰렁하다
스르르 끼어드는 졸음
못 이기는 척, 따뜻한 전기 패널에 귀를 대고 눕는다
옆 점포에서 들려오는 코 고는 소리,
누군가의 전화통화를 도청하지 않을 수 없다

가게 한 구석에 방을 들인 생쥐의 이빨처럼 사각사각
시멘트벽을 갉아먹는 물방울 소리가 떨어진다

먼지 한 점 날지 않는 통로
좌판에 쌓인 인삼뿌리에 곰팡이 번지는 느낌처럼 누가 오는 소리다
민첩해지는 반가사유상 눈꺼풀들,
점포마다 얼굴꽃대 일어선다

얼굴 보시를 렌즈처럼 모아들이는 탁발스님
흰 고무신이 걸머진 바랑, 공복의 위처럼 홀쭉하다

내민 고개들이
독경 소리 목탁 소리를 귀에 담고
쪼르륵 곯은 속을 들여다본다

불경기가 佛經期다

두멧골

장닭 긴 목청이 능금 속에 있다, 터진다
별립산 그림자 저수지에 닿자 퍼들쩍 물새 몇이 물낯을 때리며 날아오른다
저 파문을 따라 산 능선 몇 자락도 흘러내리는 한때
날개 끝에는 뿌리치지 못한 저수지의 물들이 매달려 있다
뒤꼍 감나무 위 전깃줄은 현악을 타는 줄이다
뻐꾸기 까치가 튕기다 날아가면 꾀꼬리가 울고
방앗간 지붕에 앉아 있던 개개비 무리도 통통 끼어든다
전봇대 타고 오른 칡넝쿨을 도돌이표로 삼아도 좋겠다
창문 앞 텃밭에는 토마토가 한상이다 콕콕,
이슬을 쪼는 아침 햇살처럼
토마토 볼엔 콩새들의 부리가 달짝지근하게 찍혀 있다
복실이가 혓바닥으로 연신 빈 밥그릇을 닦고 있는 마당귀
담장 호박덩굴엔 줄줄이 노란 스피커,
이장님 목소리 따라 벌들이 붕붕 아침 방송 볼륨을 높인다
상추포기 속 달팽이도 느릿느릿 촉수를 내미는 시간
알람시계 대신에 집안으로 두멧골을 들인다
무너진 돌담장, 아직 수리하지 못한 아침

순두부

끓인 콩물에 간수를 두르고
주걱으로 살살 젓는다

우르르 끓어 넘치던 거품은
서서히 숨이 잦아들고

고요해져 들여다보는 솥 안,
딱딱한 콩과 쓴 간수가 만나 뼈를 버린 물꽃이 만발했다

모나지 않은,
세상에서 가장 순할 것 같은 살결,

혀, 너는 이제 녹았다

현대방앗간

우리 방앗간은 구멍이 많지요
블록 담벼락 헐어내리는 옆구리에도
바람이 숭숭 드나드는 구멍이 뚫려 있어요
그걸 소문낸 건 돌아다니는 바람의 입질,
온 들판의 새들과 생쥐 식구들이 다 알고 들락거리죠

군내버스가 창후리 포구로 휘어지는 정류장 앞
양철지붕에 더께로 앉은 먼지가 풀을 키우고 있는 방앗간

빵빵하게 부푼 쌀가마니가 트럭으로 던져지면
현미 탱크처럼 불거지던 알통,
볏가마니를 들어 올리듯 온 들판을 들었다 놓으며 쿵쾅 쿵쾅거렸지만
이제 좋은 시절은 다 갔시다

쌀가마니를 들어 올릴 때마다 드러나는
런닝구 겨드랑이 좀 보시겨
저 은밀한 곳에도 구멍들이 모여 있네요

흐르는 땀에 절고 삭아서
갯벌에 게 구멍처럼 숭숭 바람이 드나드네요

우리 방앗간은 수리 중이죠
어깨며 허리에 덕지덕지 파스 붙이고
부황, 침구멍이 누비네요

녹슨 양철지붕 처마 구멍 속엔 참새들이 살구요
빨간 모자 런닝구 구멍 속엔 우리 식구들이 살지요

백수련 저수지

첨벙, 경련을 일으키며 퍼져나가는 물 주름,

미필적 고의,
죽음을 방관한 저수지는 묵비권으로 버티고 있다

누구나 받아주는 저 말랑한 품속에 터를 잡고 싶었을까
양털구름이 내려앉은 옆자리에
뿌리내린 흰 머리카락
엎어진 등이 흰옷을 봉긋 피웠다

절뚝거리던 무릎은 비로소 관절을 풀었다
생전에 어깨를 누르던 짐을 물 위에 다 부려놓고
두둥실 안식을 얻었다

형사가 의문의 물결을 수첩에 수거하는 사이,
접근금지구역을 넘어간 우렁이가 펴진 손바닥잎맥을 짚어
본다

물오리들이 젖은 목소리로 조문을 오고
나비가 수초 위에 흰 리본을 매달았다

건기를 건너온
휘어진 생이 모처럼 반듯하다

밥꽃

양푼에 싸온 도시락과 반찬이 비벼진다
고추장으로 물드는 밥
비빔밥은 같이 먹어야 제 맛,
상인들이 원탁에 꽃잎처럼 둘러앉는다

씹을수록 찐득찐득
뭉쳐진다
연살을 붙여주듯
너와 나를 붙여주는 밥이다

태극무늬 부채춤이 원 하나로 완성되듯
상가 원탁에
밥꽃 핀다

빨래

땀에 젖은 등을 햇빛에 말리던
어머니는 논밭에 나부끼는 고단한 빨래였다

산도 비둘기 뻐꾸기 울음으로
온종일 외로움을 말리고 있을 때
산 그림자 따라 다가온 저녁
울고 있는 조막손
눈물을 엄지손가락으로 말려주던 어머니

빨랫줄에 가까스로 매달려 두 팔을 널고 있는
하얀 머리카락

눈이 부셨다

삼향(蔘香)이 배다

삼포에는 삼꽃이 피었다 지곤 하였다

다시 삼꽃이 피었다가 지는 여름, 인삼매장에 들어온
아이들은 손으로 코를 막고 얼굴 찡그리고 다닌다
삼뿌리 하나 떼어 맛을 보라 내미는 손이 놀라게
쓴맛을 피해 시야 밖으로 달아난다

축사를 드나드는 그녀한테서는 옷을 갈아입어도 쇠똥 냄새가 난다고 한다
주위에서 소! 하고 부르면 고개가 절로 돌아간다고 한다

내가 머무는 곳에도 내게서도 삼 냄새가 난다고들 한다

삼향(蔘香)이 밴다는 것은 삼이 나를 지운다는 것, 내가 지워진 자리에 삼이 남는 것,
휴가도 없이 손님을 기다리고 있는
내게로 오는 삼향이 씁쓸하다
그래도 이 향을 그리워하는 사람이 있다

>

삼꽃이 피었느냐고, 먼 이국땅 코끝까지 꽃 피었다가 지는
삼향이 왔다고
삼이라면 질색을 하던 딸 목소리가 무선을 타고 들려온다

내 몸에서 풍긴다는 삼향, 남들은 향기롭다 말할 때
삼향에 밀려 시집 몇 채 멀어진다

오리무늬 화문석

오리궁둥이 아버지, 절반의 뼈는 왕골이었다

앉아서 매만져 잘게 쪼개야
일어서는 가계의 뼈

오리 한 마리가 연못 위로 고개를 처들고
식구들이 목이 마를 때 오리 한 마리 또 늘었다
처마 끝 함석 오리가 목을 쭉 내뽑던 지붕
비가 오는 날이면
방 안은 양동이들이 찰방거리는 못으로 바뀌기도 하였는데

열 손가락 지문을 지우고
갈퀴 손끝에서 태어나던 물갈퀴

고드랫돌 딸그락 딸그락
색오리들이 물놀이를 하였다

왕골이 못 박힌 손

소용돌이 지문을 연못으로
쪼갠 왕골 뼈 물결로

사라진 아버지의 지문이
화문석에 만개했다

그 연못 위에
설핏 잠들었던 얼굴에 박힌 날개 자국,

딸그락딸그락 바람 속으로 왕골 뼈를 세운다

붉은 눈

던져준 생선이
엉뚱한 데 떨어졌다
느슨하던 목줄이 당겨진다

길게 뺀 혓바닥이 닿을 듯 말 듯

애타는 발길질에
흙바닥이 파인다
헐떡거리는 숨,

흰털을 붉게 적시는 찢긴 발톱,
먹이에서 떼지 못하는 붉은 눈
묶인 말뚝을 빙빙 돌다 그 앞에 주저앉는다

잠들 때까지는
목줄도 혀도 붉은 눈도 궁리가 많다

제2부

저울

매일 저울 앞에서, 인삼의 무게 앞에서
고개를 숙인다

내가 여태 부자가 되지 못하는 것은 전자저울 때문이다

무게를 눈금으로 가리키는 접시저울은 대충 넘어갈 수도
있지만
0.0001그램의 오차도 없는 전자저울은 어림없다

가격대로 정량을 주자니
너무 야박하다 싶어 한 뿌리 올리고
없는 이문에
다시 내리고
양심은 내려갈까 올라갈까 매번 떨리고 손도 떨린다

복 짓는 데는 손저울이 최고
에라, 덤이다

고객들이 양심보다 더 신뢰하는 전자저울 모르게 슬쩍

발과 눈을 맞추다

고무공을 발바닥으로 누르듯이
바닥으로부터 얼마쯤 사뿐히 들려 있다

시멘트 담장을 넘어온
발바닥이 탱글탱글 찰고무 같은 고양이
땅 대신 공기를 짚고 있다는 느낌

종일 어느 숲을 헤치고 다녔는지
나비를 쫓다 해가 져서 들판을 성급히 달려왔는지
척추를 따라 오르내리는 거친 숨결이
내 안으로 들어온다

쓰다듬어주는 내 손길을 뿌리치고
흙에 뒹굴뒹굴 등을 긁으며 털을 헹군다
생것을 토막 낸 도마에 핏물이 들듯
다물고 있는 입술

잠든 척하지만

파리 날개 소리만 스쳐도 잡아채는 실눈,
눈알이 모로 쏠린다

고무공 속에 가득한 바람처럼
돌돌 뭉친 길이
발바닥을 통통 치며 튀어 오른다

모과나무

아침부터 울음이다
울음이 집 안으로 들어오지 못하게 창문을 닫는다

톱을 사야겠다고 진작 생각했었는데
저놈의 까마귀 때문에 또 까먹었다

아이가 취직시험에 떨어진 것도 남편이 교통사고를 당한 것도
저 모과나무 때문인 것만 같다

늙어서 모과도 잘 열리지 않고 까마귀만 키우는 나무,

까치가 오면 까마귀가 날아간다는데
까치는 왜 늦는 것일까
잎이 다 지고 나야 꽃이 핀다는 백양사 백양꽃,

금년에 가물어서 유난히 빛깔과 향이 진하고 깊은 모과
티스푼으로 휘젓는 차에서

한 해 내내 모과 속에서 익은 까마귀 울음이 들릴 듯하다

톱을 안 사기를 잘했다

부엌에서 내다보는 히말라야

칼바람을 밀어내고 촉이 선다

주방의 기름때에 절어 윤이 나는 벽에 붙은 히말라야
식구들이 제발 떼어버리라는 브로마이드
언제부터였을까 침봉이 가스불을 품고
만년설에 덮여 있다

나사처럼 구름을 파고 들어간
저 만년설 흰빛 속에 바다가 있다
하루 종일 시장 바닥 비린내를 신발 바닥에 묻히고
어둠과 함께 돌아오는

주방은 내가 쓰는 여백,
어머니가 모시던 조왕신처럼 산 하나 모셔놓고
마늘을 다지다가 파를 썰다가 문득,
바라보는 히말라야

바위를 스치고 온 바람이 도마 위 촉을 스친다

찌개가 부르르 끓어 넘치다가 졸아드는 줄도 모르고
밥 타는 냄새가 나도록 하염없이
촉이 다 닳아라
심해에서 언어들이 융기한다

주방 한 켠 도마 위 설산으로 불어가는 바람이 인다

태평농법은 바쁘다

변방이 시끌벅적하다 수피처럼 밀려온,
머리 쳐든 살모사 검은 얼룩도 한통속이다

직장에서 나와 몇 날 며칠 언제까지, 방구석에 풀썩 나자빠졌던 사내
뿌리내린 밭뙈기
분무기를 조심해야 해, 호미도 믿지 마,
풀들이 소곤소곤 벌레들 불러들인다

고추밭에 범이 새끼 치겠구먼 쯧쯧쯧……
새들까지 혀를 차며 지나가는데
세상에 잡초가 어디 있냐고 게으른 척,
풀 한 포기 함부로 뽑아내지 않는다
태평가 노래만 부르고 있는 그늘, 푸르러 간다

웅숭깊어지는 그늘의 거름은 쇠똥, 숙성퇴비가 아니다
자리에서 뽑혀져 나온 뿌리의 아픔,
드나드는 발자국 소리도

신경을 건드리고
독이 되어 밟히면 풀이 죽는 거라고
외인 출입금지

자벌레가 재고 있는 그늘 둘레 안에서 들고양이 사랑싸움
이다
심어놓은 고추 가지가 고양이 발톱에 쥐어뜯기든 말든,
잎사귀가 벌레들의 밥이 되든 말든,

아무 일도 일어나지 않는 묵정밭
약이 오른 청양고추 환삼덩굴 속에서 탱탱 붉어간다

전봇대

방금 취객이 서 있던 그 자리
개가 한쪽 다리를 치켜든다
전봇대 발등을 적시는 뜨뜻한 온기

굶주린 생쥐나 고양이 울음이 다녀가는
음식쓰레기 봉지에 검고 붉은 흔적이 얼룩졌다
누구의 불면을 폭신하게 잠재우기도 했을 한쪽 눈알을 잃은 곰 인형,
숱한 뉴스와 이야기 속의 배역을 떠나보낸 깨진 TV 화면도
전봇대에 기대고 있다

서로 살을 붙이듯 알록달록 덧붙인 광고스티커 꽃을 피웠다
입김을 날리며 달려온 오토바이가 붙이고 가는
삐뚤삐뚤 검은 매직으로 쓴 큼직한 글씨,
영이네 잔치국수 집 개업 소식 따끈따끈해
전봇대도 언 몸을 데운다

아기자기 모여 사는 낮은 지붕들

골목의 기둥 전신주,

다 받아주고 끌어안는다

돌나물

파고드는 내성이 무섭다
강적을 만난 것이다

비바람에 날려 왔을까
밭둑에서 한 촉이 발견되었을 때
여리디여린 것이 글썽거리는 것만 같아서 읽어보고 또 보고

노랑 병색 짙어가던 것이 돌변,
돌무더기를 음각하며 일어섰던 거다

그 근성 더 이상은 아니다, 거미줄처럼 거둬버렸는데
뽑히고 잘린 마디마디가 이식되었던 것
마디마디에 촘촘 잎을 단 줄기가 밭둑을 누빈다

제발이다, 소각장에 넣고 퇴비장에 처박아도
고개 쳐드는 노랑꽃이 은하계를 이루었다

제초제 속에서도 거뜬히 살아남는 것은 끊임없이

혼을 몰입, 공기에 깊숙이 접을 붙이는 것

낮게 깔리는 그 숨결이 내 속까지 파고 들어와 시 한 줄기로 분열한다

나의 애마 포니

언뜻 둘러보아도 늙고
병색이 짙은 조랑말

덩치 크고 사나운 짐승들 속에서 당당하게 누비던 아스팔트, 골목길
첫째 둘째 아이 학교 길 코스모스,
출퇴근길 가로수가 줄지어 달려온다

외진 신호등 신호 지키고 서 있다가
무쏘한테 들이받혔던 꽁무니에 남은 상처,
눈길 빗길에 헛발 디뎌 빠진 구렁텅이 나오려고 나보다 더
애타는 냄새 풍기곤 했지

전진은 신나게, 후진은 질색,
서투르게 뒷걸음질 치다가 쿵, 쿵,
수차례 부딪친
헐거워진 오줌보, 샌다

어루만져보는 숨찬 심장 소리
내가 앉았던 안장에 저승사자가 버티고 있다
오디오에서 흘러나오는
함께 귀를 모으던 페르퀸트가 장송행진곡이다

해빙기

체온이 하강한 농수로는 얼어붙어 누워 있다

간 쓸개까지 꺼내줄 때
주인을 속이고 따뜻한 피는 남겨놓았다고 웃던,
사랑채가 많은 집 머슴아이

들판 벼포기들이 잔뼈를 키워주었다는 사내,
암도 슬하의 피붙이라며
폐 후두 혓바닥 밑까지 방을 내주었다

반 토막만 남은 식도로 여럿 먹여 살리느라 꺼진 눈자위,

창고 박스 속 씨감자 걱정에 문밖 고드름 끝이 닳는다

몸에 가지가지 뻗은 링거 줄,
링거 수액이 맺혀 꽃가지를 찾아가는 중이다

악성종양 기력도 순해졌다는 주치의 말에

송곳니가 다물었던 입술을 비집는다

꽃물이 번지는 욕창 매트
산수유 몽우리는 부풀고 있는데
사내는 허물어지고 있다

메주

푹 삶은 콩을 짓찧어 꾹꾹 주물러서 뭉쳐놓은 게 메주
라고 생각하면 잘못이다

목을 세우고는 어림도 없는 일
무릎을 꿇고 고개를 수그려야 한다
배꼽 인사하듯 등허리도 굽혀야 한다

식지 않은 콩반죽을 뭉치고 면을 공그르는 일, 마음을 다
하지 않으면
다진 면이 손가락 끝에 패이거나
일그러지고 갈라터지기 십상

들어 올리거나 내려놓을 때도
공손히 받들어야 한다

콩밭 매던 농부의 무릎걸음도
머리 위에 머물던 비구름과 땡볕도 꾹꾹 눌러 넣다 보면

저절로 두 손이 모아지고
고개가 숙여진다

심 봤다

곡괭이가 산허리를 찍어나간다
나무들이 우거져 어둑한 숲속
하늘나리꽃이 외등처럼 고개를 꺾고 있다
청산 어딘가에 숨어 사는 삼

잎사귀가 오갈피라니 오가피 잎 따서 보고 또 보면
상상 속의 꽃대 찾아낼 수 있을까
겹겹 방어망 치듯 울울한 수풀을 헤집는 발길
칡덩굴이 발목을 건다
몸에 닿아 휘어지는 풀잎 나뭇가지
잎사귀 펴지는 소리도 발로 살살 눌러가며 숲을 뒤져나간다

산삼이 숨어 있을 것만 같은
바위 아래 소나무 그늘
후다닥! 개암나무 가지를 치며 달아나는 고라니 한 마리
발톱에 봉인된 땅비싸리 꽃망울이 터져 향기가 쏟아진다
아, 온종일 찾아 헤맨 오갈피 잎, 성급히
끌어당기는데 손가락을 찌르는 가시

>

차라리 산나물이나 뜯을 걸
때 늦은 머위잎들이 따라오는 산자락
꿩이 날지도 못하고 긴다
풀대 몇 구부려 튼 둥지에
알전등 같은 꿩알이 고봉
저무는 길이 통째로 환하다

어머니 통장

깜빡, 깜빡하던 당신,
항아리 안에 숨겨둔 통장 미처
챙기지 못하고 가신 거기,
너무 편안해
벌써 오시는 길 다 잊어버렸을 거야

저물도록 논두렁 밭두렁에 쪼그려 앉아 뜯어 모은 미나리, 쑥, 민들레, 냉이, 질경이, 씀바귀, 달래…… 한 알 한 알 주운 밤톨, 도토리, 감자 고구마 녹두 팥 순무 땅콩 깨알 고추 콩알 수수 조…… 이 산 저 산 고사리, 머위, 도라지, 두릅, 원추리, 더덕, 곰취, 고들빼기, 다래, 명이, 둥굴레, 참나물, 산갈퀴……

강화 오일장마다 노점에 펼쳐진 신문지 좌판,
굶은 점심값,

열아홉 살인 듯도 하고 팔십칠 세인 듯도 한 행방

페이지마다 빼곡하네

>

알토란같은 어머니

알뜰히 입금되었네

그리마

얼른 잡아야 한다

누구라도 보면 기겁을 할, 식구라도 들키고 싶지 않은데,
눈을 뗄 수 없는데 가고 있다
쓸어 담을 삼태기에 잠깐 눈을 파는 사이
사라졌다

이럴 줄 알았으면 누구라도 불러 도움을 청할 걸,

찾아야 한다 이불 속을 찾아보고 장판을 들춰보고
장롱 속을 살펴보지만 그림자도 없다

그리마를 잘 모신다는 인삼센타 옆 점포는
그리마가 나타날 때마다 대박이 났다는데
큰돈이 들어온다는 큰 그리마,
만져보지도 못하고 놓쳤다

드러누워 눈을 감아도 천정에 벽에 돈이 붙어 있다

은밀한 발들이 이마에서 목에서 스멀거리는 것 같은데 징그럽거나 무섭지 않다

제발 좀 나타나라

돈다발, 어디에 숨었니?

달팽이

문화원 단풍나무 그늘에서 노숙하던 사내가
빗방울을 피해 자리를 옮긴다

빈 술병을 놓고
풀어놓았던 중얼거림까지 챙긴 커다란 가방을 지고
촉수 달린 지팡이 앞세워 간다

노래교실에서 노래는 가볍게 흘러나오는데
갈 곳 없는 느린 걸음은 잠시
땅바닥에 혹처럼 들러붙는다

빗방울이 스미기도 전에
몸이 젖어 있다

제3부

폭설

창호지 문이라면 밤새 들렸겠지 저 기척. 창문 앞에 와서 뜨개질하는 소리

구운 고구마를 집어 들다 앗, 뜨거, 떨어뜨린 꿈이라도 꿨던가. 오줌 쌀 뻔했네, 손을 뻗는데 얘야, 손에 얼음 들라, 흰 털실 풀어 장갑을 짜는 소리

귀는 국화를 바른 창호문이 되고, 부스스 졸다 깬 눈은 창호문에 낸 눈곱쟁이 창이 되네

새들은 맨발로 어디서 발톱이 오그라드는 잠을 자고 있는지, 웅숭그린 할아버지 묘에도 어서 두툼한 양털 이불을 덮어 드려야 할 텐데

손놀림 빠르게 한 코 한 코 뜨개질하는 소리, 억새 머리 사이사이 발자국 찍으며 마을로 내려오는 고라니, 담장 밑에 제 발에 꼭 맞는 폭신폭신한 흰 털신

귀뚜라미 보일러

온도조절기를 당신은 한사코 왼쪽으로 돌리고
나는 오른쪽으로 돌린다

귀뚜라미가 창틀에 성에를 슬어놓았다
이중 보온메리도 모자라 당겨 덮은
무릎담요 방으로 모여드는 냉기

난방온도 29℃쯤에서 할머니는 오신다
닫혔던 빈 방문이 열릴 때
방 안이 펑, 반기는 소리처럼
할머니가 오셨다고
아꼈던 기름을 펑펑 때는 귀뚜라미

우리 집엔 온돌방이 없고
다시 할머니 체온마저 요양원으로 빠져나간 실내온도는
17℃
또 오줌을 누고
왼손을 오금 사이에 끼우고 앉아 오른손으로 쓰는데

>

울고 있다
할머니의 부엌에서 쌀독이 비었다고
밤새 울었다는 귀뚜라미

할머니 방이 비어 있다고
석유통이 비었다고
길게 울고 있다

야광

어둠 속에서 눈을 감고 노력한다
환하게 탄력이 붙는 것은 꿈 대신 상상력,

캄캄한 자궁에서 발아된 네가 살고 있는 먼 나라 LA,
그곳은 지금 대낮이라지
팔을 뻗어 돌아눕는 순간 딸은 사라지고
벽이 바뀐다

눈꺼풀 닫은 채 염하강을 건너 샤브 홀리에 온다
점심으로 먹은 샤브샤브,
좋아하는 채소를 애인이 젓가락으로 집어 내 앞 접시에 놓는 순간,
옆 사람 잠꼬대가 튀어나와 스크린이 지워진다

몇 시나 되었을까, 차라리 TV 영화나 볼까, 그래도 밤은 밤답게
이불을 이마까지 올려 덮고 다시 도전한다

어둠 안으로 모여드는 별들이 빛을 발하듯
죽은 엄마가 잠깐 다녀간 내 어둠 속엔
고장 난 세탁기가 있고 된장국을 밀어놓고 물 말아 먹은 저녁 밥상이 있고
아들의 고시원 쪽잠이 찾아와서 돌아가지 않고 있는데

알람이 운다
시도해보다 궁리가 막을 내릴 때
눈이 뻑뻑하도록 등장했던 주인공들은 모두 제자리로 돌아간다

흰 뿔

붉은 조끼도 나문재빛이다
갯벌에 나문재처럼
길가에 줄을 선 공공근로자들
나문재 태운 재를 달여
소금을 얻던 날도 있었다고
허리춤에 소금물병을 매달고 있다
염전에 갇힌 바닷물이
땡볕에 뿔을 세운
소금으로 피어나듯
흐르는 땀에 꼬들꼬들 절여지는 노인들
주름살 고랑마다 소금이 돋아난다
배가 꺼져도
대열에서 뒤처질 때도
역전의 무기는 소금물병,
살을 찢고 나온 뿔들이 바닥을 딛고 일어선다
염장 한 오이지를 깨물면 아삭아삭
씹는 소리가 더 생생하듯이
절여지는 몸은 단단하다

저문 살갗 속에서 자본을 캐내느라
따끔따끔 빛나는 결정체
아스팔트 바닥을 염전 타일 바닥처럼 딛고
일어서는 흰 뿔들

자동유리문

일정한 간격으로 닫히고 열리던 유리문이
핸드카가 다 통과하지 못했는데
와장창, 등 뒤에서 소리친다

양손에 무거운 짐을 들고 드나들거나
뒷짐 진 손으로 드나들 때야 아주 고마웠지만
세상 참 좋아졌다고 좋아했지만

순간 그 영특한 자동이 다 깨져버렸다

유리문은 눈 없고 코 없으니
눈 있고 머리 있고 손발 있는 내가 잘못이란다

불꽃에 단련된 성질머리,
한꺼번에 쏟아진 유리 파편에
다치지 않은 것이 다행이라고 누군가는 위로해주기도 했다만
정말 다치지 않았을까

>

깨져 멈춰 있던 자동유리문이 다시 움직인다
여전히 팔다리는 편한 곳으로 가려고 하는데
친절한 척 잽싸게 문을 열어주고 닫아주는 게 무서운 마음은
수동문을 찾고 있다

호밀

돌산 밭에 호밀 씨 뿌려

호밀밥 호밀국수 호밀수제비 먹으며 살았지

호밀대처럼 휘청휘청 살았지
비바람 맞으며 글썽글썽 살았지

가벼운 호밀 짚단이 되어
팔 남매에게 삼베옷 한 벌 입혀주고
진달래 꽃핀 산자락 양지쪽에 묻혔지

그 가난한 씨앗들도 함께 묻혔을까

거친 돌땅에서도 살아남았던 호밀 싹
아버지가 안 계시니
이 땅 어디에도 보이지 않네

쇠비름 경전

정 노인이 한의원 문앞에 지팡이와 나란히 앉아 있다
한나절을 기다렸는데 문을 열어주지 않는다는 병원

해가 건물 이마 위를 넘어와서 그늘을 걷어낸
투명한 유리문에는
'휴가 중'

양산을 쓰고 온 누군가도 안내문을 읽고는 그냥 돌아가는데
보도블록 틈을 벌리고 돋은 문맹의 쇠비름
밭고랑에서 무릎걸음 하던 관절을 두드리고 앉아 있다

구름도 피서를 떠나고
손마디며 온몸에 따끔따끔
침을 꽂아주는 땡볕

쇠비름 줄기도 벌겋게 달아올라 지렁이처럼
몸을 비트는 오후다

흑거미

허공에 매달렸다
새가 날아간 하늘 턱밑
검은 점 하나가 까마득한 통유리를 오간다

건축의 원조답게
외줄 꽁무니가 바람을 딛고 출렁출렁 옮겨 다니면
늘어나는 건 유리문이다

도시의 거미들
모두 생계형이다
현기증에 시달리는 빌딩은 블라인드 눈꺼풀을 꼭 닫고 냉방 중,

건물이 아래 위, 좌우로 밀어내도
유리창에 들러붙어 팔이 자란다

언젠가 복도에서 두 손 들고 서 있을 때
회초리가 닿을 때마다 움찔움찔 팔이 자라기 시작했지

땀방울이 증발할수록 빛나는 유리창에
길 건너 전광판, 비키니 모델이 어린다

유리창을 닦는 척
눈부신 웃음과 겹치는 손이 계속 자란다
풍경을 포식한 거미,
문득 배가 고프다

오빠

별명이 마이크다.
뽕짝메들리로 마을을 깨우고, 왕왕 떠들던 이장님
암 덩이를 들여 식구 하나 또 늘었네, 소문내더니

수술선 또 늘어난 고요한 병실
날마다 아침 방송을 하던 일과가 모처럼 잠잠하다.

목에 뚫어놓은 구멍
엄지손 지문으로 막았다 열었다
터진 성대 대변하는 속눈썹은 진지하다.

반갑네, 끔벅 끔벅
고맙네, 괜찮다는 손짓, 얼굴 근육을 따라 끔뻑인다.

링거 줄을 마이크 선처럼 감아 쥔 손이
방사선에 소독되어 하얗다.
동네가 관광버스에 오르면 마이크를 차지하던 양오리 이장님

부축해준 팔에 기대어
콧구멍 속으로 뻗은 링거 줄을 타고
십팔번 〈고향무정〉이 울려 퍼질 것 같다.

병실 유리창 너머
나무를 감고 오른 나팔꽃스피커를 끌어당겨
박자를 세듯 끔뻑끔뻑 눈으로 한 곡조 뽑으신다.

기러기

수틀에 물려 있는 옷감처럼
사방에서 산 능선이 하늘을 팽팽하게 당기고 있다

떡 썰기가 한석봉 어머니라면
바느질은 기러기다

하늘에 구름 한 장을 포개서 한 땀 한 땀 홈질해 가는 간격
이란……

행복요양병원

여기서 생은 완성된다.

땟물

강화 황산도 횟집에서 뜰채에 건져 올린 광어
갯벌빛이다

한번 먹어 보시겨, 겉보기는 이래도 속살,
초고추장에 푹 찍어 씹으면 살살 녹는 꼬들꼬들한 맛 죽여
준다
주인은 맛있게 너스레를 떨지만
내키지 않는 손님들

뜰채는 재빠르게 다른 놈을 건져 올린다
늘씬하게 빠진 등줄기, 뽀얀 비늘의 광채,
저물녘 포구가 환해진다 光! 어!
이런 놈 본 적 있싯꺄?
눈과 입이 번쩍 벌어지는 일행들
탁자에 앉은 건 순식간이다

인삼도 땟물이다
인삼의 왕, 천삼의 가치가 있는 삼이라도 개흙이 묻어 있

다면

손님은 고개를 돌린다

이것저것 재볼 겨를도 없이
맞선 자리에서 때깔만 보고 덜컥 저질렀는데
살면서 치명적인 나의 실수가 보일 때마다
그 때깔을 째려본다

아버지의 집

마을 어귀 개울가 미루나무 위 까치집 지나
굴참나무가 이정표다.

무성한 자작나무 오리나무
훌쩍 키가 자란 소나무 아래 바위 옆에
노간주나무 은사시나무 진달래 번지가 입구다.

뻐꾸기의 안내 따라 억새풀 헤집으며
찾아가는 걸음을
끌어당기는 엄나무 가시가 대문이다.

화문석 바닥에 매화 난초 목단 소나무 대나무를 심어 꽃피우고
학 오리 봉황 까치 사슴을 키우며 사시더니

붓꽃 원추리꽃 양지꽃 벌 나비에
방목하는 꾀꼬리 종달새 참새 토끼 청설모 꿩 콩새에
치우지 않아 마른 채 쌓인 산짐승 똥에

다시는 이사 가지 않을 집을 지으셨구나.

낮은 잔디 지붕으로 봉한 토굴집

밤이 이슥하도록 화문석을 짜느라 늘 잠이 모자랐던 아버지
댓돌 위 신발도 방 안으로 들여놓고
단잠이 깊다.

가을밤

오한에 시달리는 몸, 손이 이마를 짚어주지만
신음 소리는 혼자 아프고

콩꼬투리 속 콩알들이 각자 옴폭한 방에 들어 있듯
물 한 그릇 떠다놓고 자기 방으로 들어간 아이
습관대로 벽을 향해 모로 누워 코 고는 사내

신경과 벽이 예민해지고 두터워진다

누가 아프거나 말거나
제 일에만 충실한 벽시계 소리
울다 그치다 다시는 울지 않는 귀뚜라미가
신음도 없이 엎드려 있다

혼자라는 병을 앓는 몸이
방바닥을 벌레처럼 기어 화장실을 찾아간다

제4부

가시를 쬐다

밤 가시가 박힌 손을
마지못해 슬몃 내놓는 어머니

그 무섭던 손이 이제야 내 손에 잡혔네
손이 아니라 마른 장작개비네
나무뿌리 같은 힘줄만 도드라진 손등
손가락이 아니라
닳고 닳은 갈퀴발이네

그렇게 억척을 떨던 맨손
이젠 밤 가시 하나 제압하지 못하네

오디 따기

오디는 따는 게 아니다

빗방울이 두들겨보고, 바람이 가장이를 이리저리 흔들어 봐도 떨어지지 않는 열매는 잠자코 더 기다려야 한다는 것

어미젖을 물고 떨어지지 않으려 앙버티는 강아지처럼 더 젖을 빨 수 있도록,

오디 따는 수고 대신 나는 뽕나무 밑에 그물망을 벌려놓고 지나가는 바람을 데려다 인부로 부리겠다

산 너머 새들에게 소문 퍼트려 오디 따기 체험농장에 초대를 하겠다

오디는 귀에 좋다는데, 사라진 야생누에 뽕잎 갉아먹는 소리가 들려올지 모르는 일,

그때까지 배불리 먹은 누에가 잠을 청하듯 나는 모처럼 게을러터지겠다

고개를 쳐든 누에 따라 하늘을 베고 은빛 실 같은 시라도 한 줄 뽑아낼 수 있으면 좋으련만,

술렁거리는 공기에도 가지를 놓고 자신을 무너뜨릴 줄 아

는 농익은 오디가 오늘의 일당이다

나는 온통 입가상이를 오디빛으로 물들이고 별들이 뽕나무 찾아오는 밤을 또한 기다릴 것이다

왕소금 수세미

딱순이 수세미 대신
짚 태운 재를 묻혀
아궁이 앞에서 닦는 제기,
어두운 부엌에 켜놓은 불

바다를 솥 안에 집어넣고 태웠으니
재도 소금,
모전여전의 버릇을 버리지 못하고
왕소금으로 박박
검게 탄 솥바닥을 문지른다

재가 된 어머니
명절 앞이면
내 때를 밀어주었듯이
새끼를 핥아주는 고양이 혓바닥처럼
거친 손으로 내 안의 어둠을 다 벗겨주었듯이

때를 벗겨 점점 더 깜장이 배는 소금,

혓바닥 돌기가 다 닳아버려라
닦고 닦는다

솥단지에 긁힌 자국 하나 남기지 않은 바다의 손길
때를 밀어줄 때는 사포처럼 거칠어도
자국을 남기지 않는 어머니의 손결처럼
상했던 내 속까지 불이 켜졌다

시냇물

돌들이 자갈자갈 몸을 씻는 소리다

어머니가 쭈그려 앉아 방망이로 두들기고 두들겨 헹궈낸 속내를
물새가 날개로 스윽스윽 닦아놓으면
벌거숭이들이 첨벙, 첨벙, 멱 감던 물거울이다

아끼던 내 색동고무신 한 짝 떠내려가는 소리다

이엉으로 누덕누덕 기운 초가집도 흘러가고
꽃 같던 어머니도 흘러간 소리다

저 수원지에 닿을 수 있다면
버들치가 뱉어내는 동그란 물방울로
이마 말갛게 씻고
누워 계신 어머니 기저귀 손빨래 하고 싶은데

이젠 냇물도 손도
꽉 다문 세탁기 아가리에 갇혀 있다

약쑥

겨우내 눈만 뜨면 병원으로 출근하던 정 노인이
오늘은 풀밭으로 출근을 한다

이젠 망초 싹도 쑥이고 민들레도 쑥
푸른 것은 다 쑥인가 보다

병원비와 약값 대려고
다시 허리 구부리고 무릎관절 꺾으며
한 푼 한 푼 앞치마에 쑥잎을 뜯어 담는 손

오랜만에 맑은 바람 마시고 땀 흘리니
병원에서 키워준 신음 소리가 쑥 들어가고
쑥 움켜잡는 손등에 푸른 힘줄 일어선다

묵흔(墨痕)이 될 수 있다면

누군가 대문 앞에 끈으로 묶어 내놓은 신문지가 있다
골목에 손수레가 지나가지 않았나 보다

나는 붓글씨를 연습하던 아이, 버릇도 자라서
배 복숭아나무에 봉지봉지 매달거나
주방에서 파를 다듬고 마늘을 깔 때도 만만한 건 신문지다

화선지는 엄두도 못 내고 신문지 위에 쓰던 글씨처럼
배도 복숭아도 파도 마늘도
내 누추한 생활의 서예가 되었다면 어떨까

비록 붓을 든 지는 까마득하지만
신문 벽지에 크레용을 칠하던 아이도 흐릿하지만
엄마의 노점 밥상을 덮어주던 밥상보,
때로는 밭두렁을 베고 누운 아버지의 곤한 낮잠 위로 펼쳐지던 이불보

종일 신문지에 인삼을 꾸려 판매하는 내 모습이

예(禮)가 될 수 있다면,
가로등불 아래 서둘러 집으로 돌아오는 장바구니를 든 그림자가
묵흔(墨痕)이 될 수 있다면

오늘은 접고 말아서 창문 틈마다 끼워 넣는 문풍지
신문지 속 수다한 이야기들을 품고, 쓰다 만 붓글씨를 품고
함부로 덜컹이던 창문들이 한결 잠잠해진다

아무래도 나의 서예 연습은 아직 끝나질 않은 모양이다
밤늦은 시간 신문지를 펼쳐놓고 갈색으로 물드는 머리를 붓질한다

입김

개가 김이 나는 혀로 언 밥그릇을
핥고 있네

차창을 뿌옇게 흐려놓는
부지런한 입김들이
새벽 버스를 달리게 하지

낡은 손수레에 파지를 가득 싣고
언덕길 내려오는 노인
힘찬 입김

추워야 비로소 선명하게 보이는 꽃

강화 냉이

하늘이 땅으로 실뿌리라도 뻗듯 가랑비 내린 밭둑이다

노랑나비보다 먼저 꽃다지보다 먼저 피어난 꽃,

희끗희끗 동해 입은 양날 톱니 잎사귀
겨우내 머리를 치던 눈발에
땅과 바위를 뚫는 뿌리는 깊고 날카로워진다

달이 차오른 배를 안고 저녁 끼니거리 절구에 보리방아 찧고 방 문턱 넘다가
아기를 낳기도 했다는 섬

굽은 등처럼 엎드린 섬 하나가 바다를 물고 놓지 않는다
머리채를 잡아채는 해풍에
대못이 뿌리를 내린다

삼(蔘)을 찌다

한겨울 출입문엔 난방이 아니라 냉방이다

염하강변 고려인삼센터 칸칸
점포 바람막이는 성에가 낀 인삼,
가슴과 등을 지닌 인삼,
공손히 절을 하듯
앞줄에 늘어선 진열 박스에 차곡차곡 엎드린 머리는
손님들을 향하고 있고
열선 같은 뿌리는 점포 안에 주인을 향하고 있다

열이 많아서 더운 것을 싫어한다는 삼
만지는 손 온기에도
짓물러지는 삼

상인들은 손발 얼굴에 얼음이 들도록
난로를 멀리하지
펭귄처럼 방한복을 껴입고
입김을 뿜어내며 겨우내

인삼을 끌어안고 쬐지

얼어붙은 염하강 품속 물고기들처럼
얼음벽 바람막이 삼아 숨을 쉬는 삼동

터진 볼마다 삼씨가 붉게 익어간다

꽃똥

한때 물오른 꽃이었던 엉덩짝
병들어 주저앉았다
산밭에서 캐낸 돌이 밭둑에
또, 산 하나가 되도록 땅을 일군,
고무줄이 헐렁해진 꽃무늬 팬티를 내린다
폐광 같은 골짜기
저 어디에 아직 금맥이 남아 있을까
늘어진 셔츠자락을 걷어 올려 잡고
옴찔 오므리는 괄약근 속으로
딱딱한 관장약을 밀어 넣는다
쪼르륵, 폐문 너머에서 들려오는
내 기저귀 하얗게 빨래하던 시냇물 소리에
자주 감자꽃이 벙글 것만 같아
얼마를 기다렸는지
어둠 속에서 똘똘 뭉쳐진 신음이
환약처럼 떨어진다
아직 부끄러움을 잃지 않아
슬몃 고개를 돌리고 있는 당신

이강리(梨江里)

옥수수 이파리가 철썩철썩 마을을 핥는다

모래 위 소라껍데기를 쓰다듬는 바닷물처럼
젊은이와 아이들이 빠져나간 집을 쓰다듬는 이파리들

수위가 높아진 물결 위에 구름이 쉬고 새들이 날아다닌다

눈만 뜨면 엎드려 풀을 뽑는 사람들이다
몸에 풀냄새 배고
풀물은 닳은 손톱으로 들어가 까매진다

샛길마다 불어나는 푸른 물줄기,

엄마야 누나야 강변 살자는 이곳에서 얼마나 먼가

스적이는 초록 속으로 낡은 지붕들이 잠긴다

봄이 느리게 오는 이유

거북이걸음으로 와라, 아니아니 굼벵이걸음으로

고속도로나 지름길로 오지 말고 비포장도로 꼬불꼬불한 길만 찾아
버스, 경운기, 자전거도 타지 말고 걸어서

산, 들, 강, 마을, 섬……
구석구석 돌아오다 샛길로 빠져 길 잃고
온길 되돌아가기도 하면서
제발, 천천히 와라
햇볕에 타고 풀물 흙물 들어 망가진 손
아직도 겨울이 치료하고 있는 중이니

산그늘에 희끗희끗 남아 있는 눈한테 붙들려 더 머물러라

성급하게 하늘과 내통하는 들판, 논두렁에 묵은 풀을 태우고
논에 그러모은 볏짚 연기 피워 올린다 해도
밤사이 비 내려 양지쪽에 쑥 달래 냉이 푸르러진다 해도

>

산비알 묵정밭

끈질긴 풀들 데리고 오지 말고

애인이 진통제다

밥은 입으로만 먹는 게 아니다
코로 밥을 먹는 환자
미음 한 팩이 비워지는 만큼
슬며시 열린다는 항문
안 보는 척 먹기 싫은 밥 우물거려 삼킨다

누구도 악취를 함부로 발설하지 않는다

용변을 치우고 칸막이 커튼을 개방한 간병인이
민망한 듯 손을 이마에 얹고 있는
노인에게 한 마디 건넨다
"어르신, 뵐수록 미남이세요. 애인이 많았을 것 같은데"
움푹 가라앉은 눈은 떴는지 감았는지
통증을 꽉 물고 있던 입이 빙그레하다

"줄줄이 따르던 여자들, 내가 많이 울렸지"
환자 얘기를 엿듣던 병실 사람들도
숨기고 있던 애인을 들킨 듯 미소가 번진다

저 미소가 오늘의 진통제다

소꿉놀이

지상에 해가 뜨고 해가 지는 것은 저 유희 때문
신문지 밥상을 감나무 밑에 차려놓은
할머니에겐 그렇다

사발면 용기에 고봉으로 퍼 담은 흙밥
나뭇가지를 꺾어 넣은 깡통에 곰국 같은 우유가 흘러넘친다

벗어놓은 신발 한 짝
강아지가 물어가는 줄도 모르고
가자미 같은 감잎을 발라서 밥 위에 얹고 있는 할머니

세월이 다 빼앗아가도
다섯 살이나 여섯 살 적 뒤란에 차려놓은
소꿉놀이는 훔쳐가지 못했는가

분꽃이 피고 해가 저무는 것은
반복되는 저 유희 때문

"밥 먹자"

골목을 돌아다니는 다섯 살 할머니가

엄마 찾는 소리에

개밥바라기별 눈물 글썽이고

식구들이 밥상으로 모여드는 것은 끝나지 않은 나의 소꿉놀이다

후끈거리다

질시루에 소복하게 자라 오른 엿기름
말리려고 멍석에 쏟는데 훅,
단내가 끼친다
땡볕에서 밭갈이 하고 나와
물을 찾던 농투사니 당신 입에서 풍기던 그 냄새다
단맛을 쟁이려고
어둠 속에서 혹독하게 열병을 앓았을
수염이 까칠한 겉보리들
뒤엉킨 실뿌리가 서릿발 같다
이 불덩어리가
살얼음 동동
뼛속까지 시원한 식혜가 되는구나
굽이굽이 땀으로 얼룩지는 길
열정을 품고 나도 지금
빙산 봉우리 하나를 더듬고 있는 중이다

해설

시간으로 엮은 특화된 존재태

진순애(문학평론가)

1. 특화된 시간구조

종정순의 시집은 늦깎이 시인으로 출발한 그의 첫 시집인 만큼 시간구조로 특화되어 있다. 시간으로 엮은 특화된 구조 속에서 종정순의 시세계를 만나는 일은 그를 만나는 일이자 민족의 초상을 만나는 일이며, 궁극에는 초월적인 서정의 세계에 이르는 일이다. 개인은 개인이면서 민족의 일원이고 우주의 일원이듯 종정순의 시가 민족적일 뿐만 아니라 서정을 아우르는 초월적 풍경으로 특화된 까닭에 그러하다.

종정순 시의 시간구조는 과거와 현재가 주를 이루면서도 시간이 정지된 초월의 세계에서 만개한다. 종정순에게 초월은 온전한 초월이기도, 그리고 시간과의 교집합이 낳은 초월이기도 하다는 점에서 정지된 시간은 초월적 세계이기도, 과거의 어느 특정 시점이기도 하다. 때문에 양자는 정지된 시간이라는 점에서 유사하면서도 다르다. 초월적 세계는 초월적이므로 시간이 정지된 세계이며 과거는 기억 속에 저장된 세계이므로 시간이 정지된 세계이다. 양자는 정지된 시간으로써 종정순 시의 원형으로 작용한다는 점에서 같다. 그러면서도 시적 주체와 직접적 시간으로 관계하느냐 간접적 시간으로 관계하느냐의 관계적 차이로써 다르다.

물론 누구나 그러하듯 우리가 시간의 존재이므로, 종정순 또한 과거와 현재를 오가는 시간의 지평 속에서 시적 지평을 구사할 수밖에 없다. 그러나 종정순에게 과거는 현재를 반추하게 하는 근원으로 작용하는, 곧 초월의 세계와 다르지 않은 과거로써 원형적 기준이라는 점에서 남다르다. 불편한 현재를 성찰하는 잣대로서 과거라는 점에서 과거의 풍경은 민족적이면서도 종정순만의 개인적 과거로 특화된다.

'현재를 사는 삶이란 비록 불편할지라도 과거라는 뿌리가 혹은 초월적인 기둥이 있어서 불편함을 견지할 수 있다'는 종정순 시의 메시지가 그의 시간의 특화를 견고하게 한다. '현재란 과거와 무관할 수 없다'는 무언의 언명 뒤에서 세상과의 불협화음을 '불편하게' 성찰하는 것이다. 세상에 대한 은밀한 질타로서 불편한 성찰이며, 잃어버린 것을 향한 그리움이 은폐된 불편한 언어이다. 그리움은 혹은 초월적 그리움은 세상과의 불편한 관계를 성찰하도록 유인하는 힘인 것이다.

2. 불편한 관계의 현재

인삼을 판매하거나 손님이 주문한 택배 인삼을 저울에 올려 무게를 잴 때면 슬며시 사람 인(人)자 삼들의 눈치를 본다 강화 인삼시장 한 귀퉁이 주인을 빙 둘러싼 인삼주 병들, 저울 눈금이 정확한지 짓무른 삼은 섞이지 않았는지 감시하고 있는 것 같다 술병 속에 좌선하듯 틀어박혀 주인의 일거수일투족을 감독하는 인삼들, 오늘도 돈 벌기는 다 글렀고 내친김에 장사하는 척 道나 닦아볼까 어느 첩첩 산골 수십 년 근 산삼처럼 독하게 콱 틀어박혀 눈치 보는 마음 인삼주처럼 맑아질 때까지 가게 발효나 시켜볼까

마음을 닦듯 술병에 앉은 먼지를 닦으며
人자 삼과 부릅, 맞장을 뜬다.

—「인삼과 나의 불편한 관계」 전문

인삼을 판매하는 일은 종정순의 현존적인 삶을 가능하게

하는 원천이므로, 종정순은 '人자 삼과 부릅, 맞장을 떠야 하는' 일에 직면한다. 비록 '맞장을 떠야 하는 일'의 목적이 인삼 판매에 있지 않고 '눈치 보는 마음 인삼주처럼 맑아질 때까지'라고 언명했을지라도 양자는 다르지 않다. 종정순이 인삼 판매로 무리한 폭리를 취할 것은 아닌 까닭에 양자를 오가는 종정순이 인삼과 불편한 관계에 처해야 함은 당연한 일일지도 모른다. 인삼이 종정순의 현존을 가능하게 하는 매개체이므로 종정순은 인삼에게 고마워해야 할 일이나, 오히려 인삼과 '부릅, 맞장을 뜨는 것'은 '사람 인(人)자의 삼'인 까닭에 있다고 불편하게 성찰한다.

때문에 종정순은 '인삼을 판매하거나 손님이 주문한 택배 인삼을 저울에 올려 무게를 잴 때면 슬며시 사람 인(人)자 삼들의 눈치를 보기도' 하며, '강화 인삼시장 한 귀퉁이 주인을 빙 둘러싼 인삼주 병들, 저울 눈금이 정확한지 짓무른 삼은 섞이지 않았는지 감시하고 있는 것 같다'고 느끼기도 한다. 뿐만 아니라 '술병 속에 좌선하듯 틀어박혀 주인의 일거수일투족을 감독하는 인삼들' 때문에 궁극에는 '오늘도 돈 벌기는 다 글렀고 내친김에 장사하는 척 道나 닦아볼까'라고, '道 닦기'에 이르게 하는 인삼의 유인력이 종정순을 불편한 성찰로 유인하는 근원이다.

인삼뿐만이 아니다. "내가 여태 부자가 되지 못하는 것은 전자저울 때문"(「저울」 부분)이라는 지적처럼 접시저울의 시대를 소멸시키고 등장한 전자저울은 '0.0001그램의 오차'도 허락하지 않는 불편한 매개체이다. '0.0001그램의 오차'도 허락하지 않는 전자저울이 종정순에게 편리함을 주는 것이 아니라 오히려 '세상과 불편한 관계를 맺게 한다'는 역설이 역설적이게도 성찰을 유인하는 힘으로 작용한다. "가격대로 정량을 주자니/너무 야박하다 싶어 한 뿌리 올리고/없는 이문에/다시 내리고/양심은 내려갈까 올라갈까 매번 떨리고 손도 떨리게" 하는 전자저울이라는 것이다. 궁극에는 "고객들이 양심보다 더 신뢰하는 전자저울 모르게 슬쩍", "복 짓는 데는 손저울이 최고/에라, 덤"으로라고 손저울의 유인력으로 귀결 짓는다. 이렇듯 현재와는 불편하게 관계할 뿐이므로 현재와의 불협화음에 종정순이 대응하는 방법은 과거로의 귀환에 있다.

3. 근원적으로 슬픈 과거

오리궁둥이 아버지, 절반의 뼈는 왕골이었다

앉아서 매만져 잘게 쪼개야
일어서는 가계의 뼈

오리 한 마리가 연못 위로 고개를 쳐들고
식구들이 목이 마를 때 오리 한 마리 또 늘었다
처마 끝 함석 오리가 목을 쭉 내뽑던 지붕
비가 오는 날이면
방 안은 양동이들이 찰방거리는 못으로 바뀌기도 하였는데

열 손가락 지문을 지우고
갈퀴 손끝에서 태어나던 물갈퀴

고드랫돌 딸그락 딸그락
색오리들이 물놀이를 하였다

왕골이 못 박인 손
소용돌이 지문을 연못으로
쪼갠 왕골 뼈 물결로

사라진 아버지의 지문이
화문석에 만개했다

그 연못 위에
설핏 잠들었던 얼굴에 박힌 날개 자국,

딸그락딸그락 바람 속으로 왕골 뼈를 세운다

—「오리무늬 화문석」 전문

오리무늬 화문석은 '아버지의 오리궁둥이 뼈요, 아버지의 열 손가락의 지문이요, 왕골이 못 박인 아버지의 손이요, 가계의 뼈요, 궁극에는 아버지의 일생'이다. 아버지의 지문이 만개한 화문석 위에서 '설핏 잠들었던 얼굴에 박힌 날개 자국'으로 각인된 아버지에 대한 추억을 끌어내는 일은 근원적으로 슬픈 과거를 되새김하는 일이다. 근원적으로 슬픈 과거란 종정순만의 슬픈 과거가 아니므로 근원적이다.

슬픈 과거는 종정순의 개인적 과거이기도 하고, 왕골의 화문석으로 가계를 이어가던 강화도민의 과거이기도 하며, "오리 한 마리가 연못 위로 고개를 쳐들고/식구들이 목이 마를 때 오리 한 마리 또 늘었다/처마 끝 함석 오리가 목을 쭉 내뽑던 지붕/비가 오는 날이면/방 안은 양동이들이 찰방거리는 못으로 바뀌기도 하였던" 풍경으로 대변되는 우리 민족의 가난한 과거상이기도 하다. 가난은 민족적 슬픔으로 특화된 과거의 풍경인 까닭에 근원적이다.

"화문석 바닥에 매화 난초 목단 소나무 대나무를 심어 꽃 피우고/학 오리 봉황 까치 사슴을 키우며"(「아버지의 집」 부분), 밤이 이슥하도록 화문석을 짜느라 늘 잠이 모자랐던 아버지는 이제 '댓돌 위 신발도 방 안으로 들여놓고 단잠이 깊다.' 마침내 아버지는 "붓꽃 원추리꽃 양지꽃 벌 나비에/방목하는 꾀꼬리 종달새 참새 토끼 뻐꾸기 꿩 콩새에/치우지 않아 마른 채 쌓인 산짐승 똥에/다시는 이사 가지 않을 집을 지으셨던 것"이다. '낮은 잔디 지붕으로 봉한 토굴집' 속에서 '아버지는 더 이상 잠이 모자랄 일이 없으리라'는 역설 속에 슬픈 과거를 근원적으로 되새김하는 성찰이 내재한다.

하늘이 땅으로 실뿌리라도 뻗듯 가랑비 내린 밭둑이다

노랑나비보다 먼저 꽃다지보다 먼저 피어난 꽃,

희끗희끗 동해 입은 양날 톱니 잎사귀
겨우내 머리를 치던 눈발에
땅과 바위를 뚫는 뿌리는 깊고 날카로워진다

달이 차오른 배를 안고 저녁 끼니거리 절구에 보리방아 찧고 방 문턱 넘다가
아기를 낳기도 했다는 섬

굽은 등처럼 엎드린 섬 하나가 바다를 물고 놓지 않는다

머리채를 잡아채는 해풍에
대못이 뿌리를 내린다

—「강화 냉이」 전문

'달이 차오른 배를 안고 저녁 끼니거리 절구에 보리방아 찧고 방 문턱 넘다가 아기를 낳기도 했다'는 강화섬에 자생하는 강화 냉이를 '머리채를 잡아채는 해풍에 대못이 뿌리를 내린다'는 비유가 근원적으로 슬픈 혹은 비극적인 과거를 되새김하고 있다. 그 비극은 단지 강화도민만의 그것이 아니라 민족의 전체적인 비극이자 슬픔을 비유한다는 점에서 근원적이다. '굽은 등처럼 엎드린 섬 하나가 바다를 물고 놓지 않는다'는 강화도의 형상도 단지 강화도만의 섬 모양이 아닐 터이듯 그것은 질기고 또 질긴 삶의 끈을 놓지 못해 혹은 놓을 수 없었던 우리의 민족적 끈과 다르지 않으므로, 강화도의 형상을 넘어설 수밖에 없다.

민족이란 전자시대 이전의 공동체를 대변하는 기호이자 돌아갈 수 없는 과거의 삶이다. 때문에 돌아갈 수 없는 시간의 형상을 찾아서 아스라이 사라지는 풍광을 움켜쥔 시인의 초상 또한 비극적이다. 시인의 초상도 비극적이고 민족의 초상도 비극적이다. 돌아갈 수 없는 시간은 이제 슬픔의 시간으로 아스라이 자리할 뿐이다. 그럼에도 종정순 시의 견인력으로 작용하는 원형이자 민족의 뿌리라는 점에서 돌아갈 수 없는 과거는 현재를 통찰하게 하는 그리움의 샘이다.

4. 초월적으로 정지된 시간

장닭 긴 목청이 능금 속에 있다, 터진다
별립산 그림자 저수지에 닿자 퍼들쩍 물새 몇이 물낯을 때리며 날아오른다
저 파문을 따라 산 능선 몇 자락도 흘러내리는 한때
날개 끝에는 뿌리치지 못한 저수지의 물들이 매달려 있다
뒤꼍 감나무 위 전깃줄은 현악을 타는 줄이다
빼꾸기 까치가 튕기다 날아가면 꾀꼬리가 울고
방앗간 지붕에 앉아 있던 개개비 무리도 통통 끼어든다
전봇대 타고 오른 칡넝쿨을 도돌이표로 삼아도 좋겠다
창문 앞 텃밭에는 토마토가 한상이다 콕콕,
이슬을 쪼는 아침 햇살처럼
토마토 볼엔 콩새들의 부리가 달짝지근하게 찍혀 있다
복실이가 혓바닥으로 연신 빈 밥그릇을 닦고 있는 마당귀
담장 호박덩굴엔 줄줄이 노란 스피커,
이장님 목소리 따라 벌들이 붕붕 아침 방송 볼륨을 높인다
상추포기 속 달팽이도 느릿느릿 촉수를 내미는 시간
알람시계 대신에 집안으로 두멧골을 들인다
무너진 돌담장, 아직 수리하지 못한 아침

—「두멧골」 전문

두멧골의 시간은 '상추포기 속 달팽이가 느릿느릿 촉수를 내미는 시간'으로 흐른다. '장닭의 긴 목청은 능금 속에서 터지고, 별립산 그림자 저수지에 닿은 물새 몇 마리는 퍼들쩍 물낯을 때리며 날아오르고, 저수지의 파문을 따라 산 능선 몇 자락도 흘러내리는 두멧골의 한때'는 이제 초월적으로 정지된 시간이 되었다. 정지된 시간 속에서 상추포기와 달팽이가 조응하고, 장닭이 능금과 조우하며, 별립산이 저수지와 조응한다.

때문에 '뒤꼍 감나무 위의 전깃줄'은 초월적으로 정지된 시간을 방해한다. '담장 호박덩굴엔 줄줄이 노란 스피커'도, '이장님 목소리 따라 벌들이 붕붕 아침 방송 볼륨을 높이는 풍경'도 방해꾼이다. 그럼에도 '전봇대 타고 오른 칡넝쿨이', '뻐꾸기 까치가 튕기다 날아가면 우는 꾀꼬리가', '방앗간 지붕에 앉아 있던 개개비 무리가', '창문 앞 텃밭의 토마토가', '토마토 볼을 쪼는 콩새들의 부리가' 문명의 방해꾼을 밀어내며 두멧골과 초월적으로 조응한다. 정지된 두멧골에서 불편한 문명의 시간을 질타하는 종정순의 초월적 그리움이 서정적으로 조응한다.

길이 감긴다, 친친

해안가 뚝방길 따라 오르는 길

도공의 손에 들러붙은 흙처럼 신발에 젖은 황톳길이 들러붙는다

월곶리(月串里) 달 물레,

개펄을 끊임없이 주물럭주물럭 석기시대 토기 같은

섬 하나를 빚어놓은 바다

항아리 안에 숨어서 술래가 찾아오길 기다리며

스르르 잠에 빠져들던 아이는 어디로 갔을까

염하강 너머 소식이 궁금해서 키를 우뚝 세우고 있는 오동나무

외이가 넓은 잎사귀마다 해풍 펄럭이는데

나이테가 감기듯 조여드는 길

섬 하나가 허물어지지 않도록

반죽을 이긴다

—「강화요(江華窯)」 전문

‘섬 하나가 허물어지지 않도록 반죽을 이기며 강화요’를 빚는 도공의 시간은 서정적으로 초월한 시간이다. 도공의 시간이 서정적으로 초월한 시간이듯 ‘항아리 안에 숨어서 술래가 찾아오길 기다리며 잠에 빠져들던 아이’가 있던 시간도 이제 정지된 초월의 시간으로 작용한다. 비록 과거와 교집합적으로 초월한 시간일지라도 그것은 근원적인 과거의 슬픔조차 초월하게 한 시간이므로, 도공의 시간처럼 우리를 서정적 미의 세계에 이르게 한 초월의 시간이 아닐 수 없다.

“개펄을 끊임없이 주물럭주물럭 석기시대 토기 같은//섬 하나를 빚어놓은 바다”나, “염하강 너머 소식이 궁금해서 키를 우뚝 세우고 있는 오동나무”가 있는 풍경도 서정적으로 작용하는 정지된 초월의 세계이다. ‘항아리 안에 숨어 있던 아이도’, ‘석기시대 토기 같은 섬 하나를 빚어놓은 바다도’, ‘염하강 너머 소식을 궁금해 하는 오동나무도’, 모두 강화요를 빚는 도공의 시간의 출처인 까닭에 강화도의 풍경이 초월적인 서정의 근원이라는 종정순의 메시지다.

옥수수 이파리가 철썩철썩 마음을 핥는다

모래 위 소라껍데기를 쓰다듬는 바닷물처럼
젊은이와 아이들이 빠져나간 집을 쓰다듬는 이파리들

수위가 높아진 물결 위에 구름이 쉬고 새들이 날아다
닌다

눈만 뜨면 엎드려 풀을 뽑는 사람들이다
몸에 풀냄새 배고
풀물은 닳은 손톱으로 들어가 까매진다

샛길마다 불어나는 푸른 물줄기,

엄마야 누나야 강변 살자는 이곳에서 얼마나 먼가

스적이는 초록 속으로 낡은 지붕들이 잠긴다

—「이강리(梨江里)」 전문

'옥수수 이파리가 철썩철썩 마을을 핥으며 모래 위 소라껍데기를 쓰다듬는 바닷물처럼 젊은이와 아이들이 빠져나간 집을 쓰다듬는 이강리'의 풍경이 초월적으로 정지되어 서정적 세계로 새롭게 탄생한다. 더욱이 '스적이는 초록 속으로 낡은 지붕들이 잠기면서 수위가 높아진 물결 위에 구름이 쉬고 새들이 날아다니는' 풍경도 '이강리'를 서정적으로 초월하게 한다. '샛길마다 불어나는 푸른 물줄기의 마을', '수위가 높아진 초록 물결 위에 구름이 쉬고 새들이 날아다니는 마을'이 "엄마야 누나야 강변 살자는 이곳에서 얼마나 먼가"가 역설임을 방증한다. 초월적으로 정지된 '이강리'는 더 이상 이강리가 아니다.

초월적으로 정지된 풍경에 이르러 불편하게 성찰하던 현재도 근원적으로 슬픈 과거도 완성적으로 특화된다. 현재의 풍경도 과거의 풍경도 정지된 초월의 풍경도 시간으로 엮은 존재태이면서도 궁극에는 정지된 시간 속에서 서정적으로 초월하고 있어서, 여기에 종정순 시의 시간구조가 남다른 특장이 있다.

이 도서의 국립중앙도서관 출판시도서목록(CIP)은 서지정보유통지원시스템 홈페이지(http://seoji.nl.go.kr)와 국가자료공동목록시스템(http://www.nl.go.kr/kolisnet)에서 이용하실 수 있습니다.(CIP제어번호: CIP2016018344)

시인동네 시인선 063

뱀의 가족사

초판 1쇄 인쇄 2016년 8월 9일
초판 1쇄 발행 2016년 8월 16일
지은이 종정순
펴낸이 고영
책임편집 류미야
디자인 헤이존
펴낸곳 문학의전당
출판등록 제311-2012-000043호
주소 서울시 은평구 연서로11길 7-5 401호
전화 02-852-1977 팩스 02-852-1978
전자우편 sbpoem@naver.com

ISBN 979-11-5896-271-5 03810

＊이 시집은 〈2015 아르코 문학창작기금〉을 지원받아 제작되었습니다.